Wo&Wie

BILDNER

# Microsoft® Excel®

## Formeln und Funktionen kompakt für alle Versionen



## Grundlegendes zum Rechnen mit Excel

### ▶ Formel eingeben

**Grundregel**

Jede Formel muss mit einem Gleichheitszeichen (=) beginnen.

Excel verwendet in Formeln Zellbezüge anstelle von Zahlen. **Vorteil:** Die Formel wird automatisch neu berechnet, sobald sich der Wert der Zelle ändert. Ausnahmen sind sogenannte Konstanten, z. B. ein Jahr hat 12 Monate.

„Punkt vor Strich", diese Regel gilt auch in Excel! Zum Steuern der Berechnungsreihenfolge benötigen Sie also in manchen Formeln Klammern ( ).

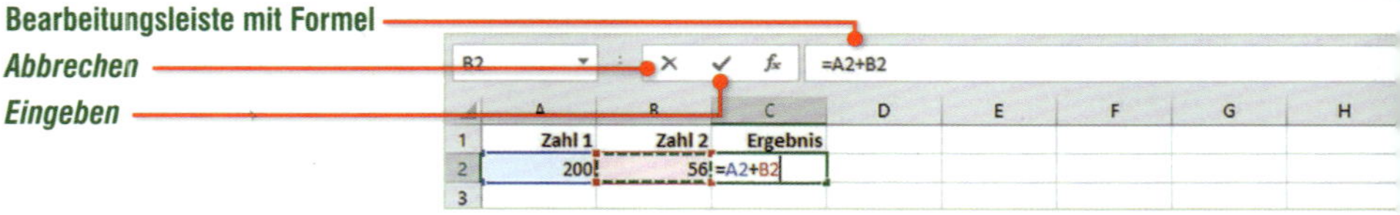


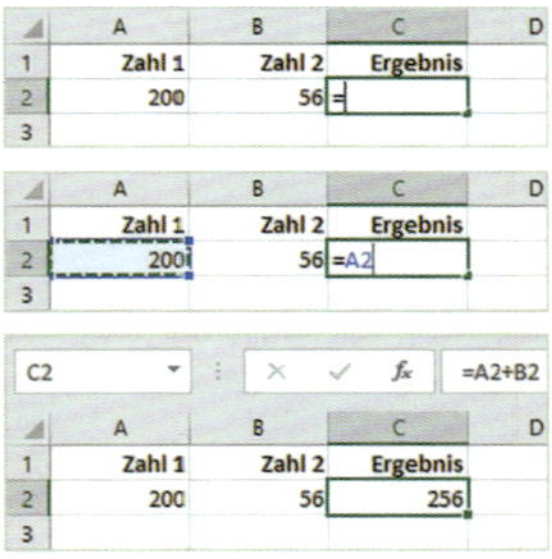


1 Markieren Sie die Zelle, in die Sie die Formel eingeben möchten und geben Sie das Gleichheitszeichen = über die Tastatur ein. Zellbezüge fügen Sie in die Formel durch Anklicken mit der Maus oder Auswählen mit den Pfeiltasten ein. Operatoren, z. B. + (Addition, siehe Tabelle unten) werden wieder über die Tastatur eingegeben.

2 Schließen Sie die Formeleingabe mit der **Eingabetaste** ab oder klicken Sie auf das Symbol *Eingeben*. **Achtung: Nicht die Pfeiltasten verwenden!**

Anstelle der Formel zeigt die Zelle nun das Formelergebnis an. In der Bearbeitungsleiste ist dagegen nach wie vor die Formel sichtbar.

**Operatoren in Formeln**

| | | | |
|---|---|---|---|
| + | Addition | = | Gleich |
| - | Subtraktion | < | Kleiner als |
| * | Multiplikation | <= | Kleiner oder gleich |
| / | Division | > | Größer als |
| ^ | Potenz | >= | Größer oder gleich |
| & | Zeichenfolgen verketten | <> | Ungleich, nicht |

### ▶ Summe berechnen

**Grundregel**

Summen berechnen Sie mit Hilfe einer Funktion. Excel-Funktionen sind komplette Formeln, Sie brauchen nur noch Zellbezüge oder Zellbereiche angeben.

Ein dicker gestrichelter Laufrahmen kennzeichnet den aktuell ausgewählten Zellbereich, dieser kann durch Markieren mit der Maus geändert werden.

Für Zellbereiche gilt die Schreibweise **ErsteZelle:LetzteZelle** (z. B. A1:A25).

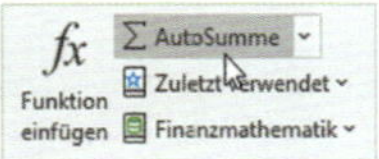


Ein Mausklick auf die Schaltfläche *AutoSumme* (Register *Formeln* oder auf das Symbol *Summe* im Register *Start*) fügt die Funktion *SUMME* zusammen mit dem Gleichheitszeichen ein. Folgende Vorgehensweisen sind möglich:

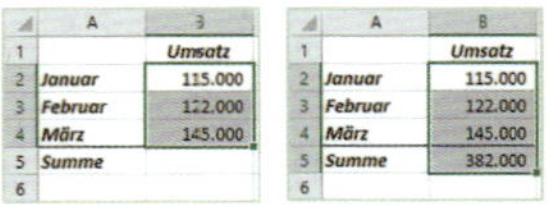


**Vorgehensweise 1**
Markieren Sie den zu addierenden Zellbereich und klicken Sie auf *AutoSumme*, das Ergebnis wird unmittelbar unterhalb des markierten Zellbereichs eingefügt.

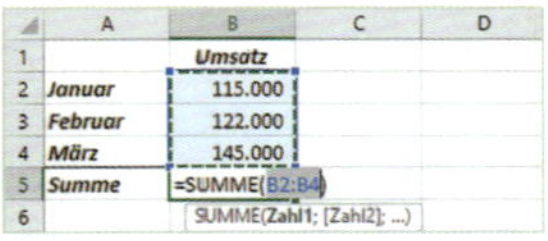


**Vorgehensweise 2**
Markieren Sie **zuerst** die Zelle, in der die Summe berechnet werden soll und klicken Sie dann auf *AutoSumme*. In diesem Fall können Sie den Zellbereich (erkennbar am gestrichelten Rahmen) kontrollieren und den Excel-Vorschlag übernehmen oder durch Markieren mit der Maus einen anderen Bereich festlegen.

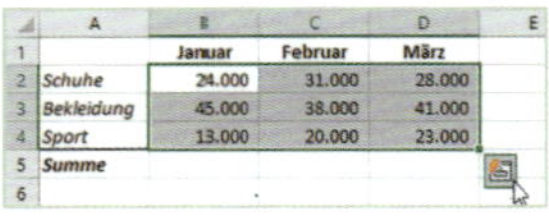


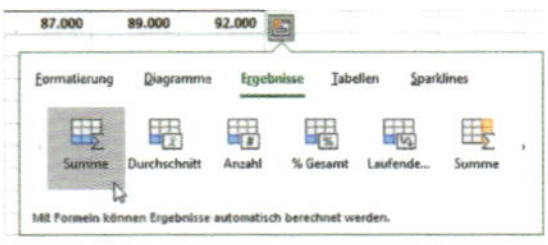


**Vorgehensweise 3 - Schnellanalyse**

1 Die Schnellanalyse berechnet die Summe auch gleich für mehrere Spalten und fügt sie in die Zeile unterhalb ein. Markieren Sie also zuerst die Spalten.

2 Klicken Sie im Tabellenblatt auf die Schaltfläche *Schnellanalyse* (erscheint beim Zeigen auf den markierten Zellbereich) und klicken Sie auf *Ergebnisse*. Weitere Funktionen sind über die Pfeile < > verfügbar.

Sie erhalten beim Zeigen auf eine der Auswertungsfunktionen eine Vorschau und übernehmen das Ergebnis mit einem Mausklick in die darunterliegenden Zellen.

# Formeln kopieren, Zellbezüge in Formeln

**Grundregel**

Beim Kopieren von Formeln unterscheidet Excel zwischen relativen Zellbezügen (werden automatisch an die Zielzelle angepasst) und absoluten bzw. festen Zellbezügen (verweisen immer auf dieselbe Zelle).

## ▶ Formel kopieren

**Das Kopieren in angrenzende Zellen erfolgt mit der Maus:**
Markieren Sie die Zelle mit der Formel und zeigen Sie in der rechten unteren Ecke des Markierungsrahmens auf das Kästchen. Der Mauszeiger erscheint als +. Ziehen Sie nun mit gedrückter linker Maustaste nach unten oder rechts über die gewünschten Zeilen oder Spalten. Nach dem Kopiervorgang erscheint eine Schaltfläche mit Ausfülloptionen.

AutoAusfüllkästchen

Ausfülloptionen

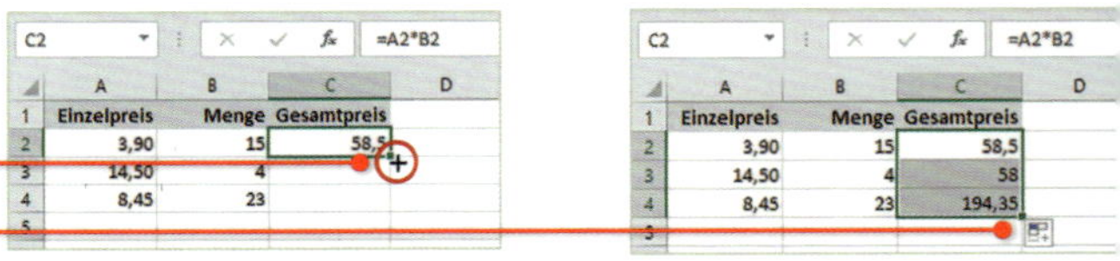


## ▶ Automatisches Anpassen der Zellbezüge beim Kopieren

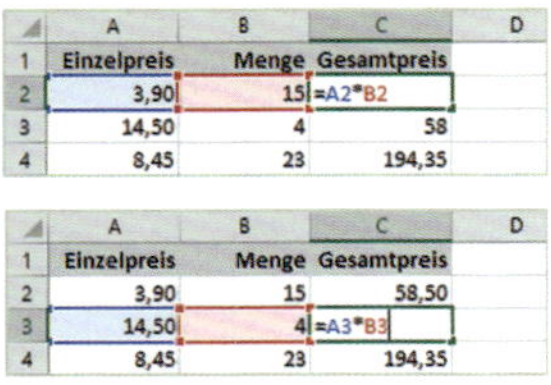


Beim Kopieren von Formeln werden normale Zellbezüge, z. B. A1 entsprechend der Kopierrichtung automatisch angepasst. Im Beispiel links wird aus der Forme =A2*B2 beim Kopieren in die darunterliegenden Zeilen zunächst =A3*B3, dan =A4*B4 usw., die Ergebnisse werden also für jede Zeile korrekt berechnet. Diese Zellbezüge werden auch als **relative Bezüge** bezeichnet.

Gleiches gilt auch für Spalten: Beim Kopieren um eine Spalte nach rechts änder sich A2 zu B2 usw.

## ▶ Anpassen der Zellbezüge beim Kopieren verhindern

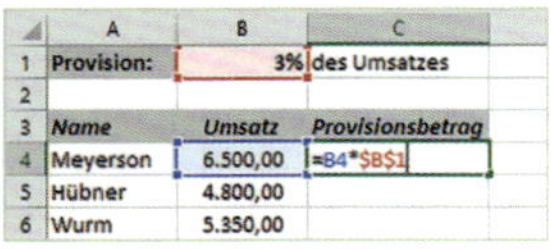


In der Formel links würden relative Zellbezüge der Formel beim Kopieren in die darunterliegende Zeile ebenfalls um 1 Zeile angepasst und die Formel würde lauten: =B5*B2. Der Bezug auf B5 ist korrekt, nicht aber auf B2.

Damit die Formel trotzdem kopiert werden kann, muss hier die Adresse B1 (Pro vision) als **absoluter (fester) Zellbezug** in der Schreibweise $B$1 angegeben werden. Dieser wird beim Kopieren nicht angepasst.

**Grundregel**

Ein vorangestelltes Dollarzeichen $ vor der Spalte und/oder Zeile verhindert, dass dieser Bezug beim Kopieren der Formel angepasst wird. Die **Funktionstaste F4** wandelt während der Formeleingabe oder auch nachträglich einen relativen Zellbezug in einen absoluten um (klicken Sie in der Formel auf die Zelladresse und drücken Sie F4).

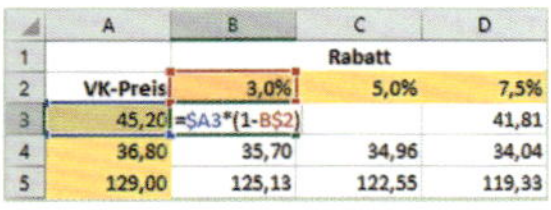


**Gemischte Bezüge:** Mehrmaliges Drücken der F4-Taste erzeugt nacheinander auch gemischte Bezüge, z. B. B$2. Damit verhindern Sie nur die Anpassung de Zeile 2, nicht aber der Spalte. Dies gilt umgekehrt auch für den Bezug $A3. Die Formel im Beispiel links kann daher über **Zeilen und Spalten** kopiert werden.

## ▶ Bezüge auf Tabellenblätter oder Arbeitsmappen

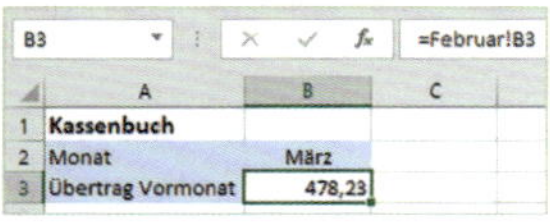


Bei Bezügen auf Zellen eines anderen Tabellenblatts wird der Blattname mit einem Ausrufezeichen ! der Zelladresse vorangestellt, in der Schreibweise **Blattname!Zellbezug**. So gehen Sie bei der Eingabe solcher Bezüge vor:

1 Klicken Sie zuerst im Blattregister auf das benötigte Blatt, der Blattname wir in die Formel eingefügt.

2 Klicken Sie dann auf die benötigte Zelle oder markieren Sie den Zellbereich und fahren Sie mit der Formeleingabe fort. Spätestens nach Beenden der Formeleingabe kehrt Excel automatisch zum ursprünglichen Blatt zurück.

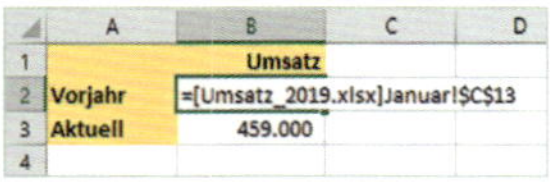


Für Bezüge auf Zellen in anderen Arbeitsmappen wechseln Sie bei der Formelein gabe über die Taskleiste in die Arbeitsmappe (diese muss geöffnet sein). Die Schreibweise für diese Bezüge lautet: **[Dateiname]Blattname!Zelladresse**. Hie verwendet Excel automatisch absolute Zellbezüge in der Schreibweise $A$1.

# Formeln korrigieren

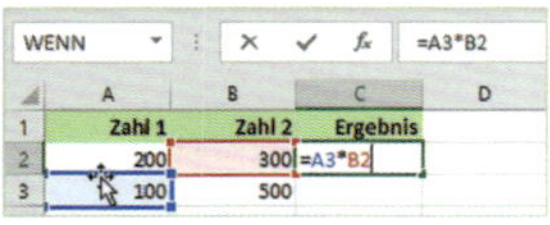


**In der Bearbeitungsleiste**
Markieren Sie die Zelle; die Formel oder Funktion erscheint in der Bearbeitungsleiste, klicken Sie hier in die Formel und nehmen Sie die Änderungen vor.

**Im Tabellenblatt**
Doppelklicken Sie in die Zelle, dann erscheint im Tabellenblatt anstelle des Ergebnisses die Formel oder Funktion und die Änderungen können direkt im Blatt vorgenommen werden.

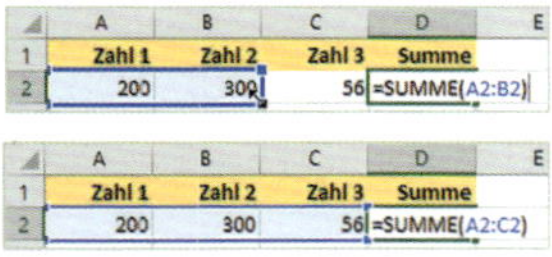


**Tipp:** Fehlerhafte Zellbezüge ändern Sie schnell mit der Maus, indem Sie den farbigen Rahmen mit gedrückter Maustaste auf die richtige Zelle ziehen. Genauso können Sie auch Zellbereiche verschieben, erweitern oder verkleinern.

# Werte aus Tabellen beziehen

## ▶ SVERWEIS

Die Verweisfunktion *SVERWEIS* (**S**enkrecht-Verweis) kommt zum Einsatz, wenn weitere, zu einem Wert gehörende Informationen aus einer Tabelle benötigt werden. Beispielsweise, um anhand der Personalnummer den dazugehörigen Namen und die Abteilung aus der Tabelle zu ermitteln oder den Preis zu einer Artikelnummer.

| | A | B | C | D |
|---|---|---|---|---|
| 1 | Pers.-Nr. | Name | Kostenstelle | |
| 2 | 500 | Müller | 600 | |
| 3 | 501 (1) | Niedlich (2) | 300 (3) | |
| 4 | 503 | Fink | 600 | |
| 5 | 505 | Hofer | 400 | |
| 6 | | | | |
| 7 | Nr. | Name | | |
| 8 | 503 | =SVERWEIS(A8;A2:C5;2;FALSCH) | | |

**Aufbau und Funktionsweise**

**=SVERWEIS(Suchkriterium;Matrix;Spaltenindex:Bereich_Verweis)**

Die erste Spalte der angegebenen Matrix (= die Tabelle mit dem gesuchten Wert) wird von oben nach unten nach dem Suchkriterium durchsucht. Bei der ersten Übereinstimmung wandert *SVERWEIS* in dieser Zeile um den angegebenen Spaltenindex, im Bild links 2, nach rechts und gibt den Wert dieser Zelle zurück. **Achtung**: *Spaltenindex* ist die relative Position innerhalb der Tabelle!

Das Argument *Bereich_Verweis* legt fest, ob eine exakte Übereinstimmung mit dem Suchkriterium erforderlich ist. Mit *WAHR* (oder keine Angabe) liefert *SVERWEIS* den nächstkleineren Wert aus der darüber liegenden Zeile, die Matrix muss in diesem Fall nach der ersten Spalte aufsteigend sortiert sein. *FALSCH* erzwingt exakte Übereinstimmung; wurde das Suchkriterium nicht gefunden, erhalten Sie als Ergebnis den Fehlerwert #NV (nicht verfügbar).

**Matrix**

**Spalteindex 2**

**Suchkriterium**

| | A | B | C | D | E | F | G | H |
|---|---|---|---|---|---|---|---|---|
| 1 | Name | Punkte | Note | | ab Punkte | Note | | |
| 2 | Wurst Hans | 14 | 5 | | 0 | 6 | | |
| 3 | Hirsch Günter | 36 | 3 | | 10 | 5 | | |
| 4 | Fink Klara | 55 | 1 | | 20 | 4 | | |
| 5 | Moser Hans | 27 | =SVERWEIS(B5;$E$2:$F$7;2;WAHR) | | | 3 | | |
| 6 | | | | | 40 | 2 | | |
| 7 | | | | | 50 | 1 | | |

**Tipp:** Die Funktion *WVERWEIS* (**W**aagrecht-Verweis) durchsucht die erste **Zeile** einer Matrix und *XVERWEIS* durchsucht wahlweise Spalten und Zeilen.

# Werte runden

Trotz Formatierung mit beispielsweise zwei Nachkommastellen, werden bei der Formelberechnung alle vorhandenen Dezimalstellen einbezogen. Zur Vermeidung von Rundungsfehlern bei Nachberechnungen sollten Zahlen entsprechend gerundet werden. Zu diesem Zweck können die folgenden Funktionen eingesetzt werden.

| | A | B | C |
|---|---|---|---|
| 1 | Zahl | Gerundet | Funktion |
| 2 | 1,1234578 | 1,1200 | =RUNDEN(A2;2) |
| 3 | 1,1234578 | 1,1300 | =AUFRUNDEN(A3;2) |
| 4 | 1,1234578 | 1,1200 | =ABRUNDEN(A4;2) |
| 5 | 1,1234578 | 1,0000 | =KÜRZEN(A5;0) |

**Kaufmännisch runden**

=RUNDEN(Zahl;Anzahl_Stellen)

**Aufrunden und abrunden**

=AUFRUNDEN(Zahl;Anzahl_Stellen) bzw. =ABRUNDEN(Zahl;Anzahl_Stellen)

**Dezimalstellen abschneiden**

=KÜRZEN(Zahl;Anzahl_Stellen)

# Wichtige Datumsfunktionen

**Aktuelles Datum**

Die Funktion *HEUTE()* liefert das aktuelle Datum. Mit *JETZT()* erhalten Sie das Datum zusammen mit der Uhrzeit, z. B. 15.08.2020 15.30. Beide Funktionen benötigen keine Argumente, die Klammern sind trotzdem erforderlich.

| | A | B | C | D |
|---|---|---|---|---|
| 1 | Datum | 24.12.2021 | | |
| 2 | Tag | 24 | =TAG(B1) | |
| 3 | Monat | 12 | =MONAT(B1) | |
| 4 | Jahr | 2021 | =JAHR(B1) | |

**Tag, Monat oder Jahr als Zahl**

*TAG*(Datum), *MONAT*(Datum) und *JAHR*(Datum) liefern einen Teil des angegebenen Datums als Zahl, s. Beispiele links.

| | A | B | C | D |
|---|---|---|---|---|
| 1 | Datum | 24.12.2021 | | |
| 2 | Monat | Dezember | =TEXT(B1;"MMMM") | |
| 3 | Monat | Dez | =TEXT(B1;"MMM") | |

**Monat als Text**

Die Funktion *TEXT* liefert aus einem Datum den Monat im angegeben Format, die Funktion lautet: **=TEXT(Datum;Textformat)**, s. Beispiele links.

| | A | B | C | D |
|---|---|---|---|---|
| 1 | Datum | 24.12.2021 | | |
| 2 | Wochentag | =WOCHENTAG(B1;2) | | |
| 3 | | WOCHENTAG(Zahl; [Typ]) | | |

**WOCHENTAG(Datum;Typ)**

Liefert aus einem Datum den Wochentag als Zahl. **Achtung:** *Typ* legt den Tag fest, mit dem die Woche beginnt (2=Montag).

| | A | B | C | D |
|---|---|---|---|---|
| 1 | Datum | 11.11.2020 | | |
| 2 | KW | =ISOKALENDERWOCHE(B1) | | |
| 3 | | ISOKALENDERWOCHE(Datum) | | |

**ISOKALENDERWOCHE(Datum)**

Ermittelt die Kalenderwoche eines Datums nach DIN (Wochenbeginn mit Montag; als erste Woche zählt diejenige Woche, in der mindestens 4 Tage des neuen Jahres liegen).

| | A | B | C | D |
|---|---|---|---|---|
| 1 | Geburtsdatum | Alter | | |
| 2 | 17.08.1989 | =DATEDIF(A2;HEUTE();"Y") | | |
| 3 | | | | |

**Alter exakt berechnen**

Die (undokumentierte) Funktion *DATEDIF* berechnet die Differenz zwischen 2 Datumswerten wahlweise in Jahren ("Y"), Monaten ("M") oder Tagen ("D"):

**=DATEDIF(Ausgangsdatum;Enddatum;Einheit)**

| | A | B | C | D |
|---|---|---|---|---|
| 1 | Geburtsdatum | Alter | | |
| 2 | 17.08.1989 | =KÜRZEN(BRTEILJAHRE(A2;HEUTE());0) | | |
| 3 | | | | |

Auch mit *BRTEILJAHRE* (Bruchteile) lässt sich die Differenz von Datumswerten berechnen: **=BRTEILJAHRE(Anfangsdatum;Enddatum;Basis)**. Das Argument *Basis* ist optional und nur zur Berechnung der Zinstage erforderlich. Zur Altersberechnung müssen noch zusätzlich mit der Funktion *KÜRZEN* die Nachkommastellen entfernt werden (s. Runden).

Im Beispiel links: **=KÜRZEN(BRTEILJAHRE(17.08.1985;HEUTE());0)**

# Einfache Auswertungsfunktionen

Die wichtigsten Auswertungsfunktionen erhalten Sie über den Dropdown-Pfeil der Schaltfläche *AutoSumme* (Register *Start* oder *Formeln*). Diese Funktionen benötigen als Argument nur die Angabe eines Zellbereichs.

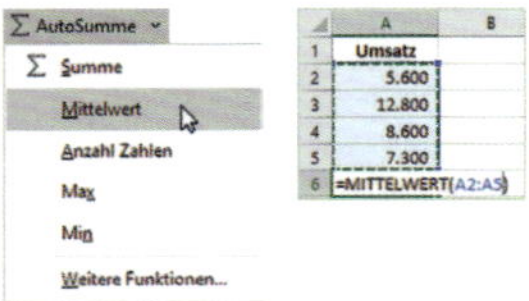


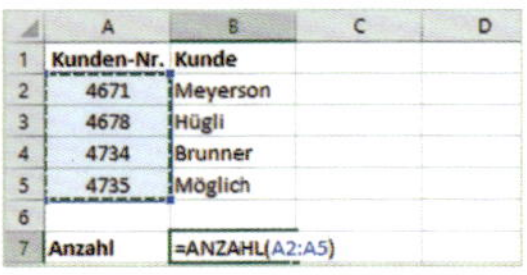


**MITTELWERT** berechnet das arithmetische Mittel (Durchschnitt) eines Zellbereichs, Text und leere Zellen werden ignoriert, nicht aber 0-Werte.

**MIN** und **MAX** ermitteln den jeweils höchsten bzw. niedrigsten Wert aus einem Zellbereich.

**ANZAHL** zählt die Werte im angegebenen Zellbereich und berücksichtigt dabei **ausschließlich Zahlen** (einschließlich Datumswerte). Text und leere Zellen werden ignoriert. Im Beispiel links wird mit der Funktion *ANZAHL* die Anzahl der Kunden anhand der **Kundennummern** ermittelt.

**ANZAHL2** (nicht in der Dropdown-Liste enthalten) ermittelt dagegen die Anzahl **aller nicht leeren Zellen** eines Zellbereichs, unabhängig davon, ob diese Text oder Zahlen enthalten. *ANZAHL2* könnte also verwendet werden, um im selben Beispiel die Kunden anhand der Namen zu zählen.

# Berechnungen aufgrund von Bedingungen

## ▶ Die Funktion WENN

Zur Funktion *WENN* gehören drei Argumente: Eine zu prüfende Bedingung (*Wahrheitstest*), *Wert_wenn_wahr* wird verwendet, wenn der Wahrheitstest das Ergebnis *WAHR* liefert und *Wert_wenn_falsch* beim Ergebnis *FALSCH*. Der Aufbau: **=WENN(Wahrheitstest;Wert_wenn_wahr;Wert_wenn_falsch).** Wird eines der Argumente *Wert_wenn_wahr* oder *Wert_wenn_falsch* nicht angegeben, so liefert die Funktion das Ergebnis des Wahrheitstests.

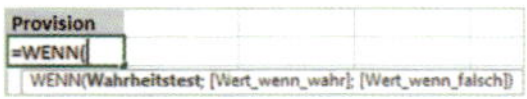


**Beispiel:** Ab einem Umsatz von 5.000 erhält ein Außendienstmitarbeiter 8% Provision vom Umsatz, sonst 5%. Die absoluten Zellbezüge im Beispiel unten sind erforderlich, damit die Formel kopiert werden kann.

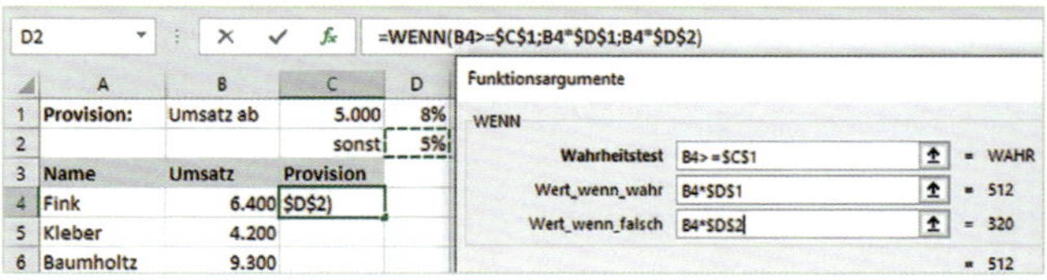


## ▶ Mehrere Bedingungen nacheinander prüfen mit WENNS

Um Gegensatz zur Funktion *WENN* kann die Funktion *WENNS* nacheinander bis zu 127 Wahrheitstests prüfen:
**=WENNS(Wahrheitstest1;Wert_wenn_wahr;Wahrheitstest2;Wert_wenn_wahr; Wahrheitstest3;...)**

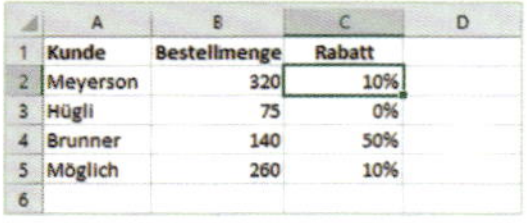


**Beispiel Rabattstaffel:** Ab einer Bestellmenge von 250 Stück erhält der Kunde 10% Rabatt, ab 100 St. 5% Rabatt, darunter wird kein Rabatt gewährt. Für letzteren Fall geben Sie einfach statt des Wahrheitstests das Ergebnis *WAHR* und den dazugehörigen Wert ein, hier 0.

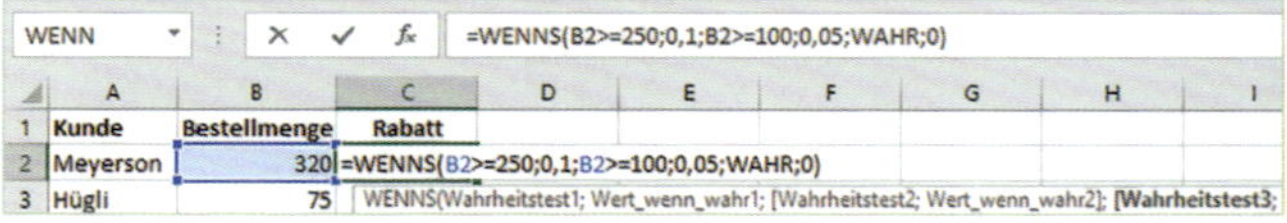


## ▶ Mehrere Bedingungen gleichzeitig prüfen (UND, ODER)

Die Funktionen *UND* und *ODER* (Kategorie *Logik*) werden als Argument in Funktionen benötigt, wenn zwei oder mehr Bedingungen gleichzeitig zu prüfen sind. Sie liefern als Ergebnis die Wahrheitswerte *WAHR* oder *FALSCH*.

**=UND(Bedingung1;Bedingung2;...)**
**=ODER(Bedingung1;Bedingung2;...)**

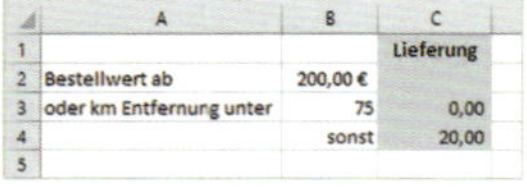


*UND* liefert das Ergebnis *WAHR*, wenn **alle Bedingungen** erfüllt sind. *ODER* ergibt dagegen bereits *WAHR*, wenn mindestens **eine Bedingung** erfüllt ist. Um für das Beispiel links die Lieferkosten zu ermitteln, muss die Funktion so aufgebaut sein: **=WENN(ODER(Bestellwert>=200;Entfernung<75);0;20)**

## ▶ Nur bestimmte Werte zählen und addieren

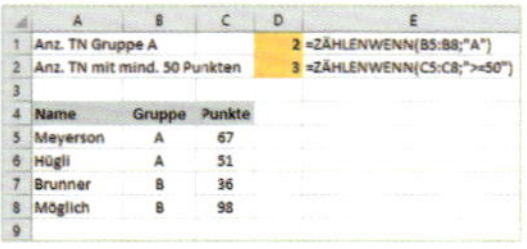


**ZÄHLENWENN**
Sie benötigen die Anzahl aller Zellen, deren Inhalt eine bestimmte Bedingung erfüllt (s. Beispiele links)? Dann verwenden Sie die Funktion *ZÄHLENWENN* mit dem Aufbau: **=ZÄHLENWENN(Zellbereich;Suchkriterien)**
**Hinweis:** Suchkriterien mit Vergleichsoperatoren müssen als Zeichenfolge in " " eingegeben werden

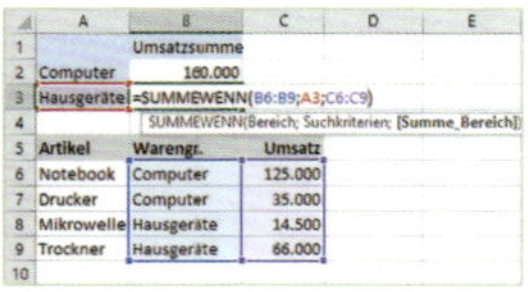


**SUMMEWENN**
Addiert die Werte eines Zellbereichs, wenn diese oder die Inhalte eines anderen Bereichs mit dem angegebenen Wert (Suchkriterien) übereinstimmen:
**=SUMMEWENN(Bereich;Suchkriterien;Summe_Bereich)**

**Tipp:** Den gleichen Aufbau besitzt auch die Funktion *MITTELWERTWENN*.

# Aufbau und Eingabe von Funktionen

## ▶ Allgemeiner Aufbau (Syntax)

**Grundregel**

Schreibweise und Aufbau einer Funktion sind immer gleich (s. auch *SUMME*):
**=FUNKTIONSNAME(Argument1;Argument2;Argument...)**
wobei als Argumente Zellbezüge, Text, Zahlen, Formeln oder weitere Funktionen verwendet werden können. Die Argumente werden in Klammern ( ) eingeschlossen und mit Semikolon (;) getrennt.

Text als Argument muss in Anführungszeichen " " eingeschlossen werden!

## ▶ Eingabe mit dem Funktionsassistenten

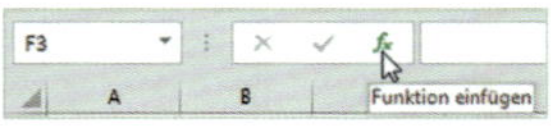


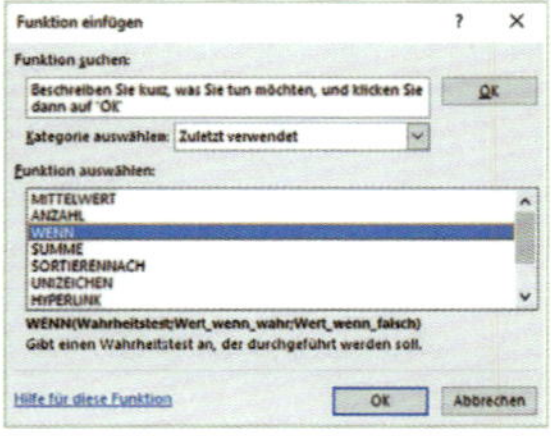


Markieren Sie die Zelle und klicken Sie in der Bearbeitungsleiste (oder Register *Formeln*) auf das Symbol *Funktion einfügen* fx. Wählen Sie eine Funktion (aus einer Kategorie oder verwenden Sie die Suche) und klicken Sie auf *OK*.

Im Fenster *Funktionsargumente* geben Sie die erforderlichen Argumente in die jeweiligen Zeilen (**1**) ein. Zellbezüge werden wie bei der Formeleingabe durch Anklicken der Zelle eingefügt. Rechts (**2**) erscheint der Inhalt der Zelle bzw. das Formelergebnis, wenn als Argument eine Formel eingegeben wird und darunter das Gesamtergebnis der Funktion.

**Tipp:** Über die Schaltflächen der Eingabezeilen (**3**) wird bei Bedarf das Fenster *Funktionsargumente* bis auf die jeweilige Zeile aus- und wieder eingeblendet.

**1 Funktionsargument**
**2 Zellinhalt/Formelergebnis**
**3 Fenster ausblenden**

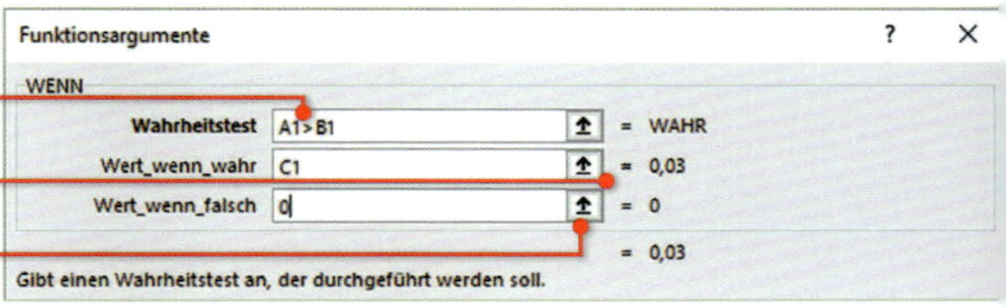


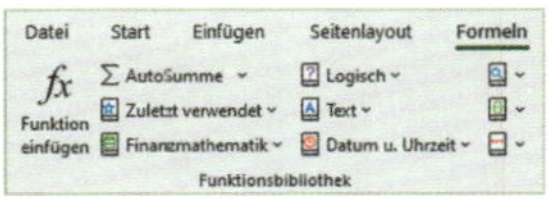


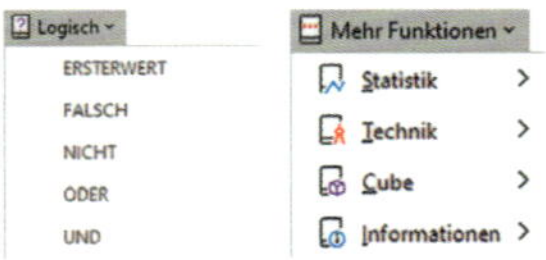


**Funktion in der Funktionsbibliothek auswählen**
Wenn Sie wissen, zu welcher Kategorie die benötigte Funktion gehört, können Sie diese auch im Register *Formeln* aus der Funktionsbibliothek auswählen. Klicken Sie auf eine Kategorie zum Anzeigen der dazugehörigen Funktionen. Mit Klick auf eine Funktion öffnet sich das Fenster *Funktionsargumente* (s. oben).

**Tipp**: Mit Klick auf den Dropdown-Pfeil *AutoSumme* erhalten Sie häufig verwendete Funktionen, z. B. *MITTELWERT* und *ANZAHL*. Um noch mehr Kategorien anzuzeigen, z. B. *Statistik*, klicken Sie auf *Mehr Funktionen*.

## ▶ Funktionseingabe über die Tastatur

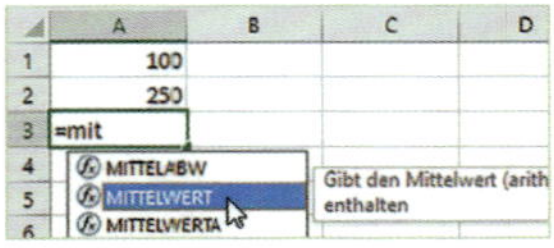


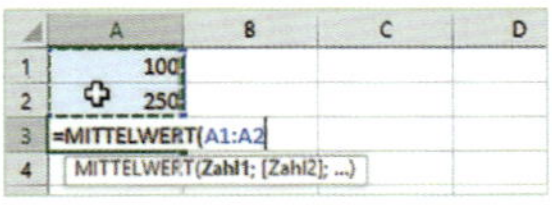


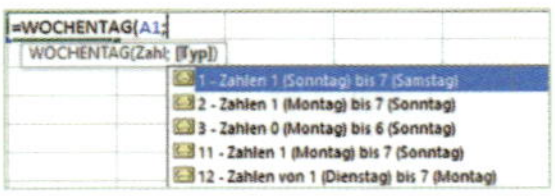


Markieren Sie die Zelle, geben Sie das Gleichheitszeichen und anschließend die ersten Zeichen des Funktionsnamens ein. Es erscheint eine Liste entsprechender Funktionen und mit Doppelklick übernehmen Sie eine Funktion einschließlich der öffnenden Klammer. **Tipp:** Funktion mit der Pfeiltaste nach unten markieren und mit der Tab-Taste übernehmen.

Anschließend wird die Funktionssyntax eingeblendet und das aktuell bearbeitete Argument fett hervorgehoben. **Achtung:** Benötigt eine Funktion mehr als ein Argument, so muss das Trennzeichen Semikolon (;) manuell über die Tastatur hinzugefügt werden!

**Tipp**: Bei manchen Funktionen lässt sich die Berechnung über optionale Parameter steuern, diese können bequem aus einer Liste übernommen werden. Das Fenster *Funktionsargumente* bietet diese praktische Hilfe nicht.

## ▶ Als Argument eine Funktion einfügen (Funktionen verschachteln)

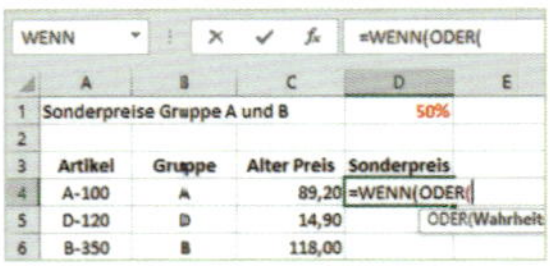


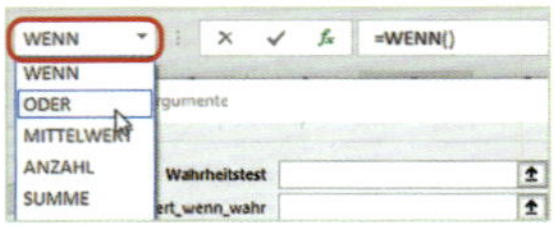


Bei der **Eingabe über die Tastatur** geben Sie als Argument in der ersten Funktion einfach die zweite Funktion, wie oben beschrieben, ein (ohne Gleichheitszeichen). Nach Eingabe der Argumente schließen Sie mit einer Klammer die eingefügte Funktion ab und fahren dann nach einem Semikolon (;) mit der ersten Funktion fort oder beenden auch diese Funktion durch Schließen der Klammer.

Im Fenster *Funktionsargumente* (**Funktionsassistent**) benutzen Sie die Bearbeitungsleiste zum Einfügen der zweiten Funktion. Hier erscheint während der Eingabe der Funktion im Feld links zunächst die zuletzt verwendete Funktion. Der Dropdown-Pfeil öffnet eine Liste weiterer Funktionen.

Per Mausklick wird die Funktion eingefügt und das Fenster *Funktionsargumente* zeigt nun die Argumente dieser Funktion. In der Bearbeitungsleiste sind dagegen beide Funktionen sichtbar. Die jeweils aktuelle Funktion ist fett hervorgehoben.

Zum **Wechseln** zwischen den Funktionen klicken Sie in der Bearbeitungsleiste auf den Namen der Funktion. Mit *OK* beenden Sie die Funktionseingabe.

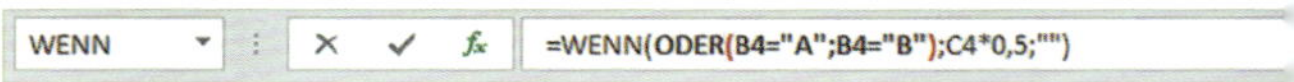

# Textfunktionen

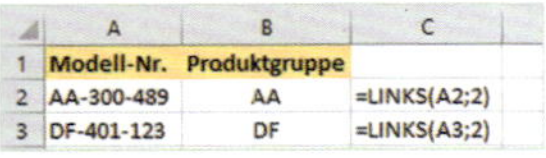


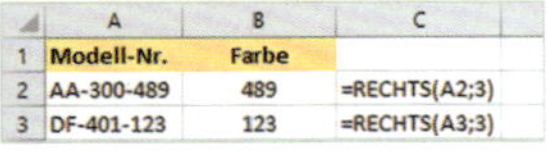


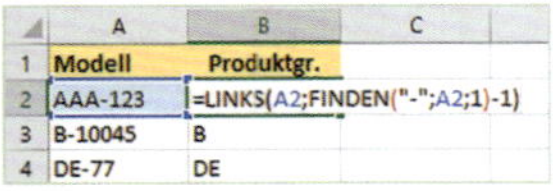


### Zeichenfolgen aneinanderfügen

Mehrere Zeichenfolgen können mit dem &-Operator verkettet werden. Wird dazwischen ein Trennzeichen benötigt, verwenden Sie die Funktion *TEXTVERKETTEN*: **=TEXTVERKETTEN(Trennzeichen;Leer_ignorieren; Text1;Text;...)**

### Teil einer Zeichenfolge ermitteln

Die Funktionen *LINKS* und *RECHTS* liefern einen Teil aus einer Zeichenfolge, beginnend mit dem ersten Zeichen links (*LINKS*) oder rechts (*RECHTS*). **=LINKS(Text;Anzahl_Zeichen)** und **=RECHTS(Text;Anzahl_Zeichen)**

Mit der Funktion *TEIL* erhalten Sie eine bestimmte Anzahl Zeichen ab der angegebenen Position: **= TEIL(Text;Erstes_Zeichen;Anzahl_Zeichen)**.

### Eine Zeichenfolge finden

Die Funktion *FINDEN* liefert die Position des angegebenen Zeichens innerhalb einer anderen Zeichenfolge. Schreibweise: **=FINDEN(Suchtext;Text;Suchbeginn)**

# Fehlersuche und -behandlung

## ▶ Fehlerwerte

Bei fehlerhaften Formeln oder Funktionen erhalten Sie anstelle eines Ergebnisses einen der folgenden Fehlerwerte:

| Fehlerwert | Ursache |
|---|---|
| **#DIV/0!** | Sie dividieren eine Zahl durch 0 oder eine leere Zelle. |
| **#NAME?** | Sie beziehen sich auf eine nicht existierende Zelle bzw. der Name (s. unten) existiert nicht in der Mappe. |
| **#BEZUG!** | Ungültiger Zellbezug, entsteht durch Verschieben oder Löschen von Zellen. |
| **#WERT!** | Sie versuchen, eine arithmetische Operation mit Text durchzuführen. |
| **#NV** | Nicht verfügbar, das Suchkriterium wurde nicht gefunden (SVERWEIS). |
| **Zirkelbezug** | Sie verwenden in einer Formel einen Bezug auf die Zelle mit dem Formelergebnis. In einem solchen Fall erscheint die Meldung *Zirkelbezugswarnung*. |

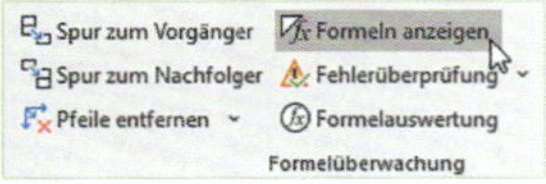


**Zur Fehlersuche und -behebung eignen sich die folgenden Methoden:**

### Formeln im Tabellenblatt anzeigen

Klicken Sie im Register *Formeln* auf *Formeln anzeigen*, dieselbe Schaltfläche blendet die Formeln wieder aus und stellt die normale Anzeige wieder her.

### Pfeile zu Zellbezügen anzeigen

Markieren Sie die Zelle mit der Formel und klicken Sie im Register *Formeln* auf *Spur zum Vorgänger/Nachfolger*. *Pfeile entfernen* blendet die Pfeile wieder aus.

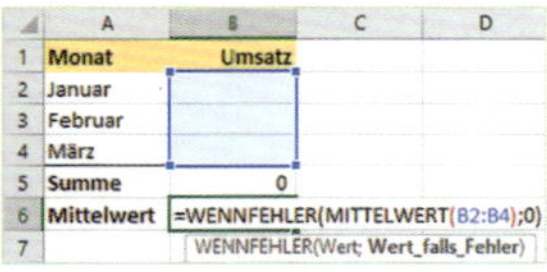


### Formel schrittweise berechnen

Markieren Sie die Formel und klicken Sie im Register *Formeln* auf *Formelauswertung*. Im nachfolgenden Fenster lassen Sie nun nacheinander die Einzelschritte berechnen. Auf diese Weise werden auch logische Fehler gefunden.

### Fehlerwerte unterdrücken

Die Anzeige der oben genannten Fehlerwerte lässt sich mit der Funktion *WENNFEHLER* unterdrücken, Aufbau: **=WENNFEHLER(Formel;Wert_falls_Fehler)**

# Namen verwenden

Anstelle fester Zellbezüge können auch Namen für Zellen oder Zellbereiche verwendet werden. Wenn nichts anderes angegeben wird, ist ein solcher Name innerhalb der gesamten Arbeitsmappe und daher blattübergreifend gültig.

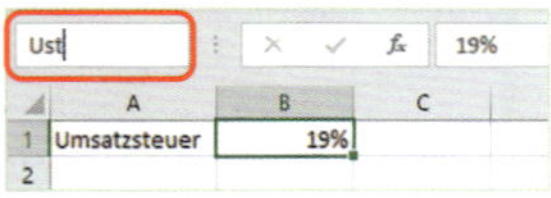


### Namen erstellen

Markieren Sie die Zelle (oder den Zellbereich) und klicken Sie in das Namenfeld der Bearbeitungsleiste. Geben Sie den Namen über die Tastatur ein und schließen Sie mit der **Eingabetaste** ab. Ein Name muss mit einem Buchstaben beginnen und darf weder Leerzeichen noch Sonderzeichen enthalten.

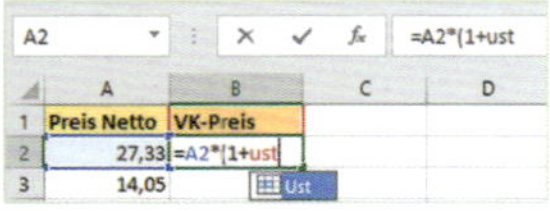


### Namen verwenden

Während der Formeleingabe wird beim Anklicken der Zelle der Name automatisch übernommen. Oder geben Sie den Namen über die Tastatur ein: Bereits nach Eingabe der ersten Zeichen erscheinen die Namen zusammen mit den Funktionen in einer Auswahlliste (s. Funktion eingeben).

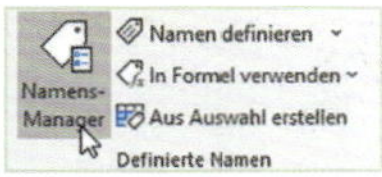


### Namen verwalten

Klicken Sie im Register *Formeln*, Gruppe *Definierte Namen*, auf *Namensmanager*. In der Übersicht können Namen erstellt, bearbeitet und gelöscht werden.

BILDNER
BILDNER Verlag GmbH
Bahnhofstraße 8
94032 Passau
www.bildner-verlag.de
info@bildner-verlag.de

9 783832 804572

Microsoft Excel: Formeln und Funktionen kompakt
ISBN: 978-3-8328-0457-2 Bestellnr.: 00481
Autorin: Inge Baumeister

## Markieren

| | |
|---|---|
| Erweiterungsmodus aktivieren | F8 |
| Erweiterungsmodus deaktivieren | Esc |
| Erweiterungsmodus: Wort markieren | F8 (1mal) |
| Erweiterungsmodus: Satz markieren | F8 (2mal) |
| Erweiterungsmodus: Absatz markieren | F8 (3mal) |
| Erweiterungsmodus: nächstes Zeichen | ← oder → |
| Erweiterungsmodus: nächstes Wort | Strg + → |
| Erweiterungsmodus: Vertikalen Textblock markieren | Strg + ⇧ + F8, dann Pfeiltasten |
| Zeichenweise nach rechts | ⇧ + → |
| Zeichenweise nach links | ⇧ + ← |
| Wortweise nach rechts | Strg + ⇧ + → |
| Wortweise nach links | Strg + ⇧ + ← |
| Ab Cursor bis zum Anfang des Absatzes | Strg + ⇧ + ↑ |
| Ab Cursor bis zum Ende des Absatzes | Strg + ⇧ + ↓ |
| Ab Cursor bis zum Anfang des Dokuments | Strg + ⇧ + Pos 1 |
| Ab Cursor bis zum Ende des Dokuments | Strg + ⇧ + Ende |
| Gesamtes Dokument | Strg + A |

## Tabellen

| | |
|---|---|
| Nächste Zelle in Zeile | ↹ |
| Vorherige Zelle in Zeile | ⇧ + ↹ |
| Nächste Zeile | ↓ |
| Vorherige Zeile | ↑ |
| Erste Zelle in Zeile | Alt + Pos 1 |
| Letzte Zelle in Zeile | Alt + Ende |
| Erste Zelle in Spalte | Alt + Bild ↑ |
| Letzte Zelle in Spalte | Alt + Bild ↓ |
| Zeile oberhalb markieren | Alt + ⇧ + ↑ |
| Zeile unterhalb markieren | Alt + ⇧ + ↓ |
| Neuer Absatz in Zelle | ↵ |
| Tabstoppzeichen innerhalb einer Zelle | Strg + ↹ |

## Sonstiges (Überarbeiten, Felder)

| | |
|---|---|
| Kommentar einfügen | Strg + Alt + K |
| Überarbeitungsmodus aktivieren / deaktivieren | Strg + ⇧ + E |
| Markierte Felder aktualisieren | F9 |
| Anzeige Feldfunktionen ein / aus (Im gesamten Dokument) | Alt + F9 |
| Anzeige Feldfunktionen ein / aus (Markierung) | ⇧ + F9 |
| Auswählen nächstes Feld | F11 |
| Auswählen vorheriges Feld | ⇧ + F11 |

## Formeleingabe

| | |
|---|---|
| Dialogfenster Funktion einfügen öffnen | ⇧ + F3 |
| Zwischen relativen, festen (absoluten) und gemischten Zellbezügen wechseln (Cursor befindet sich in der Formel unmittelbar in oder nach einem Zellbezug) | F4 |
| Öffnet das Fenster Funktionsargumente (Cursor befindet sich in der Formel unmittelbar hinter dem Funktionsnamen) | Strg + A |
| Nach Eingabe des Funktionsnamens Klammern und Funktionsargumente einfügen (Cursor befindet sich in der Formel unmittelbar hinter dem Funktionsnamen) | Strg + ⇧ + A |
| Eingabe einer Matrixfunktion oder -formel abschließen | Strg + ⇧ + ↵ |

## Zusammenhängende Tabellenbereiche
**(Markierung befindet sich innerhalb des Tabellenbereichs!)**

| | |
|---|---|
| Tabelle (Liste) erstellen | Strg + L |
| Erste / letzte Zelle in Zeile | Strg + ← / → |
| Erste / letzte Zelle in Spalte | Strg + ↑ / ↓ |
| Erste / letzte Zelle in Tabelle | Strg + Pos 1 / Strg + Ende |
| Zeile markieren (ab Markierung bis zur ersten / letzten nicht leeren Zelle) | Strg + ⇧ + ← / Strg + ⇧ + → |
| Spalte markieren (ab Markierung bis zur ersten / letzten nicht leeren Zelle) | Strg + ⇧ + ↑ / Strg + ⇧ + ↓ |
| Gesamte Tabelle markieren | Strg + ⇧ + + (nicht im Ziffernblock) |
| Ende-Modus aktivieren / deaktivieren | Ende |
| Ende-Modus: Erste / letzte nicht leere Zelle in Spalte auswählen | ↑ / ↓ |
| Ende-Modus: Erste / letzte nicht leere Zelle in Zeile auswählen | ← / → |
| Ende-Modus: Spalte ab Markierung bis zur ersten / letzten nicht leeren Zelle markieren | ⇧ + ↑ / ↓ |
| Ende-Modus: Zeile ab Markierung bis zur ersten / letzten nicht leeren Zelle markieren | ⇧ + ← / ⇧ + → |

## Formatieren

| | |
|---|---|
| Dialogfenster Zellen formatieren öffnen | Strg + 1 (nicht im Ziffernblock) |
| Mit 2 Dezimalstellen formatieren (einschl. Tausenderzeichen) | Strg + ⇧ + 1 |
| Währungsformat zuweisen | Strg + ⇧ + 4 |
| Prozentformat (ohne Dezimalstellen) | Strg + ⇧ + 5 |
| Exponentialschreibweise | Strg + ⇧ + 2 |
| Standardzahlenformat | Strg + ⇧ + 6 |
| Zahl als Datum formatieren (TT. MMM JJ) | Strg + # |

**BILDNER** Verlag GmbH
Bahnhofstr. 8, 94032 Passau

www.bildner-verlag.de
info@bildner-verlag.de

**Autorin:** Inge Baumeister

**Microsoft Office – Schnelle Tasten für Word und Excel**

**ISBN:** 978-3-8328-0069-7
**RP:** 10082
**Kennziffer:** 82_01

9 783832 800697